LA SOCIÉTÉ DES NATIONS

SA RÉALISATION IMMÉDIATE

DISCOURS PRONONCÉ

PAR

GEORGES LORAND

DÉPUTÉ BELGE

PRÉSIDENT DE LA LIGUE BELGE DES DROITS DE L'HOMME

AU CONGRÈS DE LA LIGUE FRANÇAISE DES DROITS DE L'HOMME

À PARIS LE 1er NOVEMBRE 1917

ROME

IMPRIMÈRIE RICCARDO GARRONI

1918

LA SOCIÉTÉ DES NATIONS

SA RÉALISATION IMMÉDIATE

DISCOURS PRONONCÉ

PAR

GEORGES LORAND

DÉPUTÉ BELGE

PRÉSIDENT DE LA LIGUE BELGE DES DROITS DE L'HOMME

AU CONGRÈS DE LA LIGUE FRANÇAISE DES DROITS DE L'HOMME

À PARIS LE 1er NOVEMBRE 1917

ROME

IMPRIMÊRIE RICCARDO GARRONI

1918

PREFACE

La conscience des peuples en guerre, précédant comme toujours sagesse des gouvernements, et leur marquant la voie, perçait depuis longtemps que cette effroyable guerre, avec les horreurs, les deuils et les ruines qu'elle accumule, doit absolument être la dernière des guerres, et que la paix qui y mettra fin doit être non seulement une paix durable, mais *la* paix définitive.

Pour cela il faut d'abord que le peuple brigand, pour qui les traités sont des chiffons de papier et que sa rebellion contre tout droit international a fait mettre au ban de l'humanité, soit définitivement mis hors d'état de suivre et de recommencer son brigandage.

Pour cela il faut un nouvel ordre international, un ordre juridique, qui assure le respect des droits et des engagements de chaque état, mettre fin une fois pour toute à l'anarchie internationale dont nous voyons en ce moment les effets et surtout libère le monde du cauchemar de la préparation à une nouvelle guerre, d'une nouvelle course aux armements, comme celle qui résulterait de toute paix bâclée ou prématurée et deviendrait, plus encore que la guerre actuelle, le tombeau de la civilisation.

Heureusement l'intervention décisive des Etats Unis d'Amérique non seulement nous a apporté la certitude absolue de la victoire, mais aussi la formule de la seule paix possible, celle à laquelle le Président Wilson aura attaché son nom: La société juridique des Etats civilisés sur une base analogue à celle que fournit la constitution des Etats Unis, libre fédération et droit imprescriptible des Peuples à disposer d'eux mêmes.

C'est l'idéal de Mazzini étendu au monde civilisé. Une telle idée une fois formulée et popularisée est donée d'une force d'attraction irrésistible. Les gouvernants criminels d'Allemagne, eux mêmes, essayent de s'y raccrocher et d'échapper ainsi au châtiement. C'est le moment de ne pas être dupe. Aussi faut-il préciser les formules pratiques, discuter les bases d'organisation, rechercher les moyens de garantir le respect des droits de chacun dans la future société des Peuples libres. Jamais tâche plus grande ni plus féconde ne s'imposa à la pensée et à l'action des hommes. Elle réclame le concours de toutes les bonnes volontés. Partisan d'ancienne date de cette idée, je crois que mon devoir est d'apporter à sa réalisation la modeste contribution de mon effort et je ne crois pouvoir mieux faire que de reproduire le discours que j'ai été amené à prononcer l'an dernier au Congrès de la Ligue française des Droits de l'Homme pour démontrer que le moyen pratique de hâter la victoire et de la faire aboutir à la paix définitive et est de constituer immédiatement des bases de la société des nations entre les Etats qui ont été amenés à déclarer la guerre à l'Allemagne pour la réintrégation du droit et le salut de la civilisation. Tout les convie à s'unir de plus en plus intimement pour assurer et hâter la victoire, à rester étroitement unis après la victoire pour rendre impossible un attentat analogue à celui dont la répression est l'objet de la guerre actuelle. En constituant la Société des Nations des à présent les Alliés pourront dicter souverainement les conditions de la paix, les réparations et les garanties qui seront exigées des rébelles pour leur réadmission dans la société des peuples civilisés et les conditions de cette admission. Telles sont les idées que je défendais à Paris il y a un an, je crois qu'elles sont encore plus vraies aujourd'hui et que le moment est venu de les réaliser.

GEORGES LORAND.

Quinto al mare, le 31 août 1918.

Après avoir dicté ces lignes, Georges Lorand quittait Quinto al mare pour aller passer quelques jours à Aix-les-bains.

Il ne nous revint plus, hélas !

Ce qui ne devait être qu' une préface devient un testament politique.

Ainsi ce sera en réalisant la Société des Nations avec esprit de liberté et de justice qu' on rendra hommage à la memoire imperissable de l' homme, qui, au dernier moment d' une vie depensée entiérement pour le bien de tous, après avoir consacré tontes ses energies, et on pent dire sa vie même (car Georges Lorand tomba fondroyé par un travail surhumain) au service de sa patrie et de l' humanité, nous dit, nous impose en nous quittant pour tonjours :

« Le moment est venu de réaliser ».

G. M.

Citoyens,

Comme Belge, j'ai le strict devoir de remercier la *Ligue des Droits de l'Homme* d'avoir institué ce débat et je tiens à la féliciter d'avoir eu l'honneur, dès l'an dernier, de formuler d'une façon lumineuse la seule solution juridique qui pouvait sortir de la guerre: la Société des Nations. Nous somme, en effet, nous, les Belges, les victimes de l'anarchie internationale et du brigandage (*applaudissements*). Il y avait, ou plutôt on croyait qu'il y avait des lois internationales; qu'il y avait des traités à l'abri desquels nous vivions en paix et qui étaient jurés et solennellement garantis. Il y avait notamment un pays — F. Buisson le rappelait ce matin — qui vivait sous l'égide des lois, des conventions internationales, sous la garantie de l'honneur des chefs d'Etat, et des grandes puissances; un jour, parce qu'il y avait un conflit auquel nous étions absolument étrangers, entre deux combinaisons de puissances qui peuvent avoir commis des fautes les unes et les autres, mais il y a un crime qui n'a été commis que par une seule... (*vifs appl.*).

PLUSIEURS DÉLÉGUÉ : Nous sommes tous d'accord là-dessus.

M. LORAND. — Au fond, nous pourrions être très aisément d'accord sur tous les points, car ce ne sont pas des questions de theorie, ce sont des faits qui s'imposent à nous avec une clarté lumineuse. Un jour, dis-je, et notez que c'est là ce qui ne laisse place à aucun débat sur cette guerre et met tous les torts d'un seul côté, sous prétexte qu'il était plus commode à l'Allemagne pour attaquer la France, à qui elle n'avait pas même déclaré la guerre à ce moment là, de passer par la Belgique, déclarée par traité neutre et inviolable, elle nous a mis en demeure dans les

12 heures de livrer le passage à ses troupes, en déchirant le traité qui constituait notre statut international et par conséquent en nous parjurant nous-mêmes comme l'empereur d'Allemagne s'était parjuré (*vifs appl.*). Ce jour là, nous avons cru qu'en présence de ce crime, qu'en présence de cette violation flagrante du Droit, de la violation la plus monstrueuse du Droit qui se fût jamais produite dans l'histoire, il n'y avait qu'une seule attitude qui s'imposait à tout citoyen du monde, à tout honnête homme et à tout peuple honnête, c'était de résister et de mourir au besoin. (*vifs appl.*).

Vous avez cru également que tel était le devoir; vous avez fait votre devoir, vous êtes venus à notre secours comme vous l'avez pu, vous et les Anglais qui n'y étaient pas obligés matériellement comme vous, car vous, vous étiez attaqués, vous n'aviez qu'à vous défendre jusqu'à la mort ou à accepter l'ignominie de l'esclavage; les Anglais sont intervenus par respect des traités (*appl.*) par respect du Droit et ils ont donné une fois de plus un grand exemple, le grand et noble exemple de cette honnêteté nationale qui doit former la base de la Société des Nations (*vifs applaudissements*).

Ce que je voudrais répondre à mon ami Ruyssen, dont j'ai entendu ce matin avec un vif intérêt le discours si documenté, si savant, c'est que cette moyenne morale commune qu'il demandait comme base de la Société des Nations, elle existe et vient de s'affirmer avec éclat dans l'immense majorité des nations du monde, par leur entrée en guerre contre ceux qui ont déchaîné le brigandage international, car laissez-moi vous dire que ce que nous faisons ici est un peu surérogatoire puisque déja toutes les nations honnêtes, à l'exception de quelques malheureux neutres qui vivent sous la terreur du brigandage allemand, toutes les nations honnêtes, dis-je, sont dès à présent, coalisées pour réprimer le brigandage allemand (*appl.*) et ce qui nous reste à faire c'est d'organiser cette Société des Nations qui s'est constituée d'elle même pour mettre l'Allemagne au ban de l'humanité. Comme presque toujours le fait a précédé la théorie, au moment de la réalisation, car naturellement, l'utopie avait précédé; il y avait eu quelques utopistes, comme M. Léon Bourgeois, qui, cependant n'est pas un homme d'utopies et qui aura

l'honneur d'avoir lancé la formule ; il y aura eu un deuxième utopiste qui res era une des gloires da la démocratie et qui pour le
bonheur et l'honneur de l'humanité s'est trouvé être le Président
de la plus grande République du monde ; il y a eu le président
Wilson qui après avoir longuement médité sur la guerre, sur ses
horreurs, s'est prononcé, au moment où la guerre semblait être
tout bénéfice pour ceux qui n'y prenaient pas une part directe, au
moment où les sceptiques faisaient remarquer que les Etats Unis
s'enrichissaient prodigieusement de la folie de l'Europe.

Pour l'honneur et le bonheur de l'humanité, il s'est trouvé
qu'il y avait à la tête de cette grande démocratie, un utopiste
qui, après avoir essayé en vain tous les autres moyens de per-
suasion pour aboutir à la paix, à la concorde, au retour à la
moralité internationale, a fini, devant les crimes allemands et la
mauvaise foi allemande, par prendre le seul parti qui s'imposât
à un honnête homme dans ces conditions: quand il a eu conscience d'avoir avec lui l'unanimité de la conscience du peuple qui
l'avait élu pour chef et lui avait confié le soin de son existence,
de sa liberté et de son honneur, il lui a demandé d'abandonner
les avantages et les gros bénéfices de la neutralité et de des-
cendre en lice, à côté de ceux qui combattent pour le droit, et
de se jeter dans cet enfer de la guerre mondiale pour y com-
battre, et au besoin, y mourir avec eux (*vifs appl.*) Il nous ap-
portait ainsi le plus grande réconfort moral et la certitude ma-
térielle de la victoire, mais il nous a en même temps apporté
ce programme, ce mot d'ordre, d'une vertu magique, inscrit dé-
sormais sur nos étendards: la Société des Nations. *In hoc signo
vinces.* Car nous avons, non seulement l'espérance de la victoire
mais la certitude de la victoire, parce qu'elle est indispensable
au salut de l'humanité, parce qu'il faudrait désespérer de l'humanité, désespérer de la civilisation, et il vaudrait mieux mourir
tous ensemble que de ne pas vaincre pour une pareille cause.
(*longs applaudissements*).

Ah ! Messieurs, je le dis, croyez bien, dans les circonstances
les plus douloureuses et les plus tragiques qu'il puisse y avoir
pour mon cœur. Depuis que mon pays a été envahi, violé, dé-
truit, ruiné, qu'on y a même rétabli l'esclavage, — et cela, sans
que nous ayions entendu la moindre protestation dans le pays

de **ceux** qui le rétablissaient — (*appl.*), depuis lors, je m'étais voué à la tâche que j'ai considérée comme sacrée, de chercher partout des ennemis aux envahisseurs, aux brigands qui avaient violé mon pays. J'avais trouvé l'occasion de susciter, aux empires de proie, un adversaire puissant et redoutable dans un pays ami auquel j'étais lié par tous les souvenirs, par toutes les affections et tous les enthousiasmes de ma jeunesse. J'y avais trouvé un tel accueil de fraternité, et de tels sentiments de solidarité humaine, que l'Italie fut un des premiers pays à entrer en guerre pour la défense du Droit et je suis fier d'avoir pu y contribuer. Et aujourd'hui, j'assiste avec une profonde douleur au désastre encore incompréhensible qui a tout à coup frappé l'Italie, et cependant pas plus que les Italiens, je n'ai eu devant ce désastre un seul moment de doute ni de désespérance et nous continuerons à lutter, et nous vaincrons, parce qu'il faut que nous vainquions! (*appl.*).

Mais, pour être surs que notre victoire aboutisse aux résultats qu'elle doit donner, vous avez bien fait de nous convier ici à discuter l'organisation de la Société des Nations. Car il ne s'agit plus que de l'organiser. La Société des Nations n'est plus en question, elle existe. On ne peut plus avoir deux solutions de la guerre; on ne peut faire la paix sans faire la Société des Nations. Elle comprendra naturellement l'arbitrage. Nous luttons pour l'arbitrage depuis bien des années. Je fais partie depuis plus de vingt ans de la Conférence interparlementaire de la paix par l'abitrage. J'ai été avec elle à Londres et même à Vienne et à Berlin.

Nous désirons tous l'arbitrage; c'est une excellente solution pour beaucoup de conflits. C'est surtout un exellent moyen, en temps d'anarchie internationale, comme ce fut le cas jusqu'ici, d'amener un arrangement honorable entre 2 nations qui ne sont pas très disposées à courir les risques et à affronter les inconvénients de la guerre; qui sont disposées au fond, à maintenir la paix; il est bon alors sous la pression de l'opinion publique neutre, comme c'est arrivé souvent depuis l'exemple classique de l'Alabama, qu'il soit convenu entre deux nations, que mieux vaut un arbitrage qui ne leur donnerait pas complètement raison que toutes les ruines que comporte la guerre. L'arbitrage a rendu

ainsi de grands services et en rendra encore, bien que, pour le
fond des questions et ayant eu a plaider souvent devant des arbitres et plus souvent devant des tribunaux, j'ai pu constater
et tous mes confrères vous le diront avec moi, que l'arbitrage
doit être considéré comme un recours un peu subsidiaire pour
des cas exceptionnels et qu'il vaut mieux aller devant les tribunaux, quand on est sûr de son droit, que devant des arbitres. Ce
qu'il faut, ce sont des tribunaux qui disent et assurent à chacun
son droit, et l'on a plus de chances d'obtenir d'un tribunal la reconnaissance de son droit, que de le soumettre à un arbitrage et
ce n'est pas à la Ligue des Droits de l'Homme qu'il faut le rappeler, car c'est vous qui avez pratiqué, pour l'éducation du monde,
la lutte pour le Droit qui est votre honneur, et restera votre
gloire. Et l'arbitrage sert lorsqu'on veut se ménager réciproque-
ment et lorqu'on est d'accord en principe, surtout et il aboutit
presque toujours à une cote mal taillée. C'est une forme inférieure
de la justice. Mais on a raison de dire qu'il y a des choses sur
lequelles on ne peut transiger.

Et comment d'ailleurs arbitrer la guerre actuelle, qui est la
guerre du brigandage contre le droit? Comment songer à un arbitrage quand le monde entier est en guerre, quand tous les
peuples sont partis en guerre à fond, avec toutes leurs richesses
et leurs ressources, quand toutes les nations se sont engagées
jusqu'au fond dans la guerre, quand il est évident qu'il n'y aura
aucune des deux parties qui cèdera avant d'y être contrainte par
la supériorité certaine de l'adversaire? Comment arbitrer un tel
conflit? Comment rédiger un compromis de bonne foi, le faire
admettre, trouver des arbitres acceptables, et surtout avoir une
probabilité quelconque que la sentence rendue sera éxécutée?
Et sur quoi porterait-il? Faut il un arbitrage pour savoir que la
violation de la Belgique est un crime inexpiable et l'Allemagne
un peuple de brigands qui a déchiré tous les traités et s'est
mis en rebellion contre l'humanité?

Non; Messieurs, il n'y a plus de traités. Les traités pour
l'Allemagne ce sont des chiffons de papier, elle l'a déclaré solennellement. Et M. Sonnino, le disait à la Chambre italienne,
elle a clos ainsi la période du droit international basé sur des
traités; elle nous a obligés a rechercher pour l'avenir une autre

solution pour assurer le droit international. Cette autre solution, s'est la Société des Nations. Comme toujours dans la nature, ce qui doit subsister à ce qui vient de mourir est prêt à éclore.

Elle est là, la Société des Nations, c'est aujourd'hui l'Entente, ce ne sont plus trois ou quatre pays qui étaient unis par des accords plus ou moins précaires, qui constituaient une combinaison politique plus sympathique, certes, que celle dirigée par l'Allemagne et l'Autriche et do..t la politique d'équilibre, en réalité, était supérieure à la politique de pur égoïsme de l'Allemagne; mais aujourd'hui, par la force des choses, par l'effet même des crimes allemands contre le droit, elle est devenue la Ligue de toutes les nations civilisées pour la réintégration du droit. Et alors, Messieurs, il ne nous reste qu'à l'organiser. On l'a dit trés justement, ce qui nous divise, c'est qu'il y a ici, a côté d'hommes qui ont une entière confiance dans la victoire du droit, quelques hommes qui déséspèrent de la victoire. Mais alors, s'ils déséspèrent de la victoire, ils ne peuvent pas espérer que ce soit en offrant la paix aux brigands qui ont commencé par la violation de la Belgique et qui ont continué par toute une série de crimes, que nous trouverons une probabilité quelconque de faire réaliser le règne du droit (*vifs appl*). Il n'y a pas d'autre alternative : ou la victoire de l'Entente qui assurera la victoire du droit, ou la triomphe d l'Allemagne qui assurerait notre esclavage à tous. Il faut préparer, assurer la victoire pour et par la Société des Nations; il aut que la victoire, dans ce cas, nous donne la certitude qu'il n'y aura plus d'autre guerre, parce qu'il y aura entre les nations confédérées un régime juridique qui rendra le recours à la guerre absolument inutile. Tâchons de faire cela. Il y a de grosses difficultés, je le sais. Ruyssen en a indiqué quelques unes, je me permettrai, à mon point de vue spécial, de vous en signaler quelques autres. On a parlé d'un Parlement mondial. Je le souhaiterais, mais tout de même j'aurais quelques objections à l'idée d'un Parlement où la Belgique ou bien n'aurait qu'un seul représentant ou bien en aurait huit sur 1,200 députés nommés par des systèmes peut-être fort differents et pas toujours trés sûrs comme expression de la volonté nationale d'énormes blocs de populations aussi primitives que celles de la Russie, de l'Inde et de la Chine.

Si, d'autre part, vous faites une distinction entre les puissances, grandes et petites, vous obtiendrez difficilement que la Grande-Bretagne, que les Etats Unis soient mis sur le même pied que la République de Libéria ou celle du San Salvador, non par injustice des grands peuples vis-à-vis des petits, mais parce que nous avons sous les yeux des exemples terribles de l'injustice que peut constituer dans une Confédération la règle simpliste de la mise sur le même pied de tout les Etats, grands et petits.

Pour étudier la future Société des Nations, il faut étudier la constitution fédérale des Sociétés d'Etats qui existent déja. Nous en avons des exemples excellents dans la constitution de la Confédération suisse et des Etats Unis de l'Amérique du Nord. C'est l'histoire de la Constitution américaine qui nous montre comment, au cours même de leur guerre pour l'Indépendance, des Etats en lutte pour le droit ont pu arriver à s'unir en confédération, en assurant le respect des droits de chacun.

La Constitution suisse nous en fournit un autre exemple, digne d'être profondément médité; elle présente le maximum de démocratie et le maximum de garanties imaginées jusqu'ici pour que le gouvernement soit l'expression de la volonté nationale. Un des principes qui existent dans la Constitution suisse doit passer dans celle de la Société des Nations; on n'accorde la reconnaissance, la garantie fédérale, à la Constitution d'un Canton qu'à la condition qu'elle ait pour base le suffrage universel et même un minimum de législation directe, au moins en matière constitutionnelle. Dans l'empire allemand, au contraire, qui a aussi l'apparence extérieure d'une confédération, il y a quelques grands Etats, dont un très grand, la Prusse; quelques autres de moyenne grandeur, et puis 21 petits Etats que l'on a appelé des « Etats de poche » et qui ont chacun une voix au conseil Fédéral. Seulement, toutes ces voix appartiennent d'avance à la Prusse dont ces petits Etats sont les valets, et au moyen de ces 21 voix la Prusse est maîtresse absolue de l'empire.

Il y a donc de très grandes difficultés, que nous ne pouvons pas résoudre ici; nous ne pouvons d'ailleurs pas nous arrêter aux détails; nous ne pouvons que voter des principes directeurs, et ensuite, comme Hubbard l'a si bien dit — j'ai été heureux de voir

son énergie toujours jeune sous cet uniforme qui rappelle celui
des Garibaldiens — et ensuite l'Internationale ouvrière, l'Internationale de la Libre-Pensée, celle de la Franc-Maçonnerie, et aussi
celle que la Ligue des Droits de l'Homme devrait constituer
entre tous ceux qui se réclament de ses principes, tous ceux
qui se sont tendus la main par dessus les frontières des Etats
alliés, ont un grand rôle à jouer, c'est celui d'agiter l'opinion publique et d'être là quand se feront les pourparlers de paix pour
que leur voix y soit entendue. C'est leur droit et leur devoir.

S'ils ont su faire la propagande qu'il fallait pour leurs idées,
soyez sans inquiétude, leur voix sera entendue. Nous, nous avons
ici à tracer les principes directeurs que nous voulons recomman-
der à cette élite de la démocratie qu'est la Ligue des Droits
de l'Homme. Je crois que le Comité Central l'a fait d'une façon
très heureuse; nous n'avons rien à retrancher de sa proposition ni
à y ajouter. Il n'y avait aucune association d'hommes mieux in-
diquée que la vôtre pour faire cela, parce que vous avez été,
non seulement pour la France, mais pour le monde entier, des
professeurs de conscience et de justice (*vifs applaudissements*).

Je n'ai pu prendre aucune part à la rédaction du Comité
Central, et je regrette de n'avoir pu me rendre à son invitation,
mais je la trouve extrêmement satisfaisante. Nous n'avons pas
autre chose à faire qu'à formuler les voeux que nous avons
a faire parvenir à nos gouvernements pour qu'ils les soumettent
aux gouvernements alliés. Mais les formuler est d'importance
capitale surtout de votre part, à vous, grande puissance, vous
qui êtes la France, et ne l'oubliez pas, la France est plus que
jamais à l'avant-garde des nations et son prestige a grandi encore dans le monde depuis que vous avez eu l'honneur de rece-
voir et de repousser le choc des Barbares qui nous avaient passé
sur le corps, car, plus que jamais, la France a incarné aux yeux
du monde entier la cause de la défense du Droit, la nécessité
de la victoire du Droit, et je crois que votre gouvernement ré-
publicain est hautement qualifié pour prendre l'initiative des solutions nécessaires (*vifs applaudissements*).

Je pense que c'est cette initiative que l'Amérique attend
peut-être de vous pour agir conformément au mot d'ordre de
son président; je crois que cette solution, ce serait de préparer

l'avènement de la Société des Nations par la victoire, mais aussi
d'assurer la victoire et la paix par l'organisation immédiate de
la Société des Nations déjà pendant la guerre ; pour moi, je vous
l'ai dit, la Société des Nations existe, mais elle a un besoin ur-
gent d'un organe unique pour les directions essentielles. Les gouvernements ont pour devoir de nous apporter immédiatement ce
minimum d'organisation. Je crois qu'il est suffisamment démon-
tré aujourd'hui que nous avons besoin que le front unique soit
autre chose qu'une parole et qu'il y a beaucoup à prévoir, beaucoup à organiser. Nous avons besoin également d'une direction
économique unique pour le présent et pour l'après-guerre. Je
crois qu'on pourrait avec le temps, faire quelque chose comme
un gouvernement parlementaire de la Société des Nations ; je
suis un vieux parlementaire et un défenseur obstiné du régime
parlementaire, qui est encore le seul régime qu'on ait trouvé
pour garantir les libertés necessaires, mais je ne me fais pas d'il-
lusions sur les vices de ce régime.

Eh bien, oui, la Chambre et le gouvernement parlementaire
n'ont pas toujours offert un spectacle des plus encourageants
pour ceux qui risquent leur vie tous les jours, et je crois que
des gouvernements constamment préoccupés de sauvegarder leur
situation contre les orages parlementaires possibles, n'ont pas la
liberté d'esprit indispensable pour donner à l'organisation de la
guerre l'activité et l'attention nécessaires. Aussi je voudrais voir
les grandes puissances de l'Entente constituer dès à présent un
Conseil permanent de direction de la guerre composé d'hommes
très bien choisis, très éminents, très représentatifs, dont chacun
serait dans son propre gouvernement au moins autant que le
Ministre des Affaires Etrangères ou le Président du Conseil, et qui
seraient constamment réunis dans une des capitales de l'Alliance
où à proximité et n'auraient pas d'autre tâche que de concerter
entre eux et de soumettre à leurs gouvernements respectifs les
mesures communes pour assurer la victoire et préparer la paix
du droit.

M. Pillet. — Ce seraient des diplomates.

M. Lorand. — Oh ! non. Les diplomates sont des gens char-
mants, mais je les connais trop pour que ce soit jamais à des
diplomates que je voulusse confier cette tâche. On trouverait

aisément dans les Etats de l'Alliance des hommes d'Etat — car
on ne peut aller chercher le savetier du coin — des hommes qui
auraient la pratique des affaires, qui auraient surtout des qua-
lités de vo'onté plus encore que d'intelligence. De l'intel igence,
il y en a, il y en a à revendre, ce qui manque c'est de la décision,
c'est l'énergie de l'action, c'est la volonté. (*Vifs applaudissements*).

Je voudrais voir ces hommes d'action réunis à une de ui
douzaine dans une capitale de l'entente de façon permanente,
fournissant des suggestions à leurs gouvernements, recevant leurs
instructions et leurs vœux, en déliberant, préparant les décisions
communes pour que nous ne voyions plus se reproduire les choses
lamentables que nous avons vues au cours de cette guerre.

On préparerait ainsi la paix et on assurerait la victoire.
Qu'est en réa ité la Société des Nations ? Elle est devenue par
la venue de l'Amérique et de toutes les Républiques que les
Etats-Unis ont amenées à leur suite, elle est devenue une coalition des Nations honnêtes, organisée contre le brigandare allemand. Car il a surgi au-milieu de l'Europe un peuple brigand,
comme il avait surgi ici il y a quelques années, quelques ban-
dits, les Bonnot, les Garnier, avec lesquels on n'a pas e crois
songé à l'arbitrage... (*Appl.*).

M. MAURANGES. — Il y avait un autre bandit qui s'appel-
lait Napoléon.

M. LORAND. — S'il s'agit du premier, du grand, contre lui
aussi les nations se sont coalisées, on a fait alors c n re lui ce
que nous faisons contre l'Allemagne, et malgré les vi t ires ac-
cumulées pendant 20 années, lui, l'invincible, elles ont fini par
l'abattre; s'il s'agit du deuxième et du dernier, du bandit de
Dé embre, il s'est écroulé tout seul dans le sang et dans la
boue. (*Vifs appl.*).

Qua nd un brigand surgit, il faut d'abord courir sus au brigand.
Et e v ulais vous le rappeler, parce que l'analogie est saisissante
et les procé és employés sont exactement les mêmes. Les Bonnot
et les Garnier, tenant tête à toutes les forces de police et de
justice, à toute la petite armée qu'on avait mobilisée contre eux
quand ils étaient assiégés dans leur petite villa, c'était exactement le spectacle que nous offre l'Allemagne avec ses deux empe-
reurs jusqu'à présent invincibles, maîtres de leurs troupes qui

tiennent tête au monde entier ; et si le monde entier ne parvenait pas à se rendre maître d'eux, ce seraient donc Bonnot et Garnier qui seraient maîtres du monde. (*Vifs appl.*).

Il faut donc préparer le jour de la paix. Nous avons mis la force au service du droit ; nous avons des forces supérieures, qui, si elles sont bien employées, nous assurent la victoire ; nous avons surtout des ressources économiques qui nous permettent, depuis la venue de l'Amérique, d'avoir l'assurance que la guerre ira jusqu'au bout avec un succès assuré, parce qu'il n'y a plus de sources de richesses du monde actuellement qui ne soient à la disposition exclusive des alliés. Mais il faut qu'ils sachent s'en servir afin que, même si l'on n'arrivait pas à obtenir de solution sur le front, on puisse obliger les brigands à capituler par les conditions économiques dictées par une coalition qui est maîtresse de toutes les richesses du monde. Je ne demande pas de vengeance, mais je demande les réparations, je demande les restitutions, les garanties indispensables. C'est la formule française ; je crois que personne n'en contestera la nécessité et l'absolue justice. Le Pape ne l'avait pas bien compris d'abord. (*rires*). On a eté obligé de lui rappeler qu'il y avait une différence entre la réparation des dommages ordinaires de la guerre, pour lesquels à la rigueur on pourrait comprendre des compensations réciproques, et les dommages dûs pour la violation de la Belgique, acte de pur brigandage. Il faut donc des garanties pour l'avenir ; et ce qu'il faut essentiellement, c'est que l'Allemagne ne puisse pas recommencer. Ah ! s'il y avait une possibilité de paix, quelle qu'elle fût, croyez que je la saisirais avec joie, moi, dont le pays est envahi, moi qui ne peux pas avoir des nouvelles de mes enfants, car c'est nous qui, en plus de ce que vous souffrez, vivons séparés des nôtres, et savons leurs cruelles souffrances, pires encore que les nôtres : et cependant nous n'avons pas songé une seule minute à abandonner la lutte ; nous accepterions certes avec joie tout espoir de solution qui fut acceptable ; malheureusement, nous sommes convaincus, qu'en déhors de la victoire, il n'y a aucune solution qui nous mettrait à l'abri d'une nouvelle guerre et qui empêcherait le commencement d'une nouvelle course aux armements pour aboutir fatalement à cette guerre nouvelle. Alors il faut que la Société des Nations soit organisée de façon qu'une nouvelle tentative de brigandage comme celui dont nous avons été les victimes soit sans aucun espoir possible de succès; les forces dont elle disposerait actuellement sont très suffisantes pour cela.

La formule en laquelle je résumerai mon opinion est celle-ci: il faut organiser immédiatement la Confédération permanente des Etats aujourd'hui coalisés sans aucun traité d'alliance, dans la guerre à laquelle les a contraints le brigandage allemand; il faut que cette confédération crée immédiatement les organes indispensables pour la direction de la guerre et la préparation de la paix et organise ensuite les mesures définitives pour donner dans l'avenir une solution juridique aux divergences internationales, en respectant absolument l'indépendance de chacun des participants. Ces moyens ne sont pas impossibles à trouver; les difficultés de détail seront discutées de bonne foi entre peuples honnêtes. Certes, cela ne se fera pas en un jour. Ce qu'il y a d'indispensable, c'est la nécessité de créer un lien permanent entre les nations honnêtes qui luttent pour leur existence. Cette Société ne comprendra pas du jour au lendemain toutes les nations, mais cela viendra fatalement plus tard; il y a partout des criminels provisoirement retranchés de la Société des Hommes et qui sont les hôtes des prisons, parce qu'ils se sont mis en révolte contre la loi. Eh bien, si les allemands, les autrichiens, les bulgares, les turcs devaient rester en quarantaine pendant quelque temps, à la porte de la Société des Nations, qui se sera constituée précisément pour les ramener au respect de la loi internationale, je n'y verrais pas un très gros inconvénient; mais le jour où ils auront reconnu que le brigandage est une mauvaise affaire et qu'il vaut mieux être d'honnêtes gens et de bons citoyens dans la société des hommes et des peuples honnêtes, dans la Société des Nations, que des brigands mis pour leurs méfaits au ban de l'humanité, qu'ils entrent alors, mais alors seulement, dans la Société des honnêtes gens et des Nations libres et indépendantes. (*Longs et vifs appl.*).